So wird es gemacht:

Öffne das LÜK®-Lösungsgerät und lege die Plättchen in den unbedruckten Deckel! Jetzt kannst du auf den Plättchen und auf dem Geräteboden die Zahlen [1] bis [24] sehen.

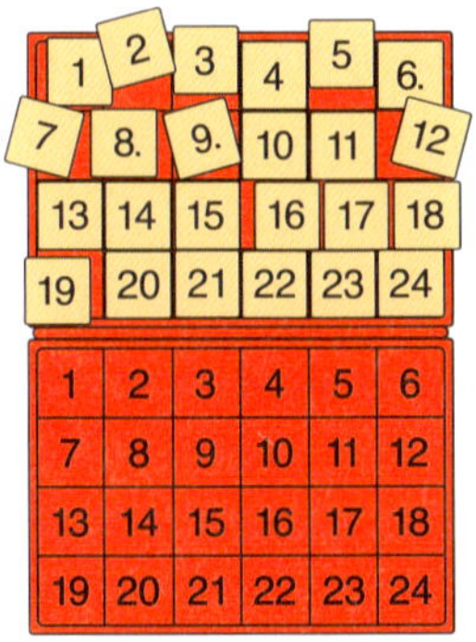

Beispiel: Seite 2
Malaufgaben vom Typ 15 · 6 = ■

Nimm Plättchen [1] und lies Aufgabe [1] **15 · 6 = ■**

Löse die Aufgabe und suche das richtige Ergebnis in der Lösungsspalte! Das richtige Ergebnis heißt 90. Daneben steht die Feldzahl 9. Lege also Plättchen [1] auf Feld **9** im Geräteboden! Die Zahl **1** muss nach oben zeigen.

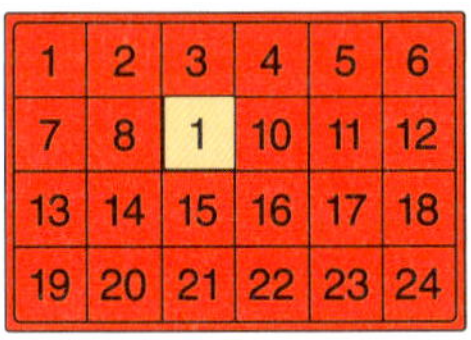

So arbeitest du weiter, bis alle Plättchen im Geräteboden liegen. Schließe dann das Gerät und drehe es um! Öffne es von der Rückseite! Wenn du das bei der Übungsreihe abgebildete Kontrollmuster siehst, hast du alle Aufgaben richtig gelöst.

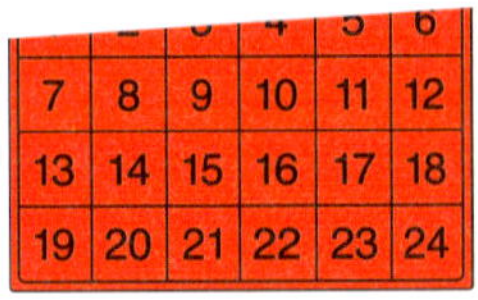

Passen einige Plättchen nicht in das Muster, dann hast du dort Fehler gemacht. Drehe diese Plättchen da, wo sie liegen, um, schließe das Gerät, drehe es um, und öffne es wieder! Jetzt kannst du sehen, welche Aufgaben du falsch gelöst hast. Nimm diese Plättchen heraus und suche die richtigen Ergebnisse! Kontrolliere dann noch einmal!
Stimmt jetzt das Muster?

Das System ist für alle Übungen dasselbe: Die roten Aufgabennummern im Heft entsprechen immer den LÜK-Plättchen aus dem Lösungsgerät. Die schwarzen Zahlen hinter den Lösungen sagen dir, auf welche Felder des Lösungsgerätes die Plättchen gelegt werden müssen.

Und nun viel Spaß!

Aufgaben vom Typ 15 · 6 = ☐

1	15 · 6 =
2	13 · 7 =
3	15 · 5 =
4	12 · 9 =
5	17 · 8 =
6	14 · 5 =
7	16 · 7 =
8	12 · 8 =
9	16 · 8 =
10	13 · 6 =
11	17 · 9 =
12	14 · 4 =

1 → 12 Lösungen

56 →	6
70 →	18
75 →	14
78 →	2
90 →	9
91 →	17
96 →	3
108 →	10
112 →	5
128 →	13
136 →	1
153 →	4

13	29 · 8 =
14	27 · 6 =
15	25 · 5 =
16	28 · 3 =
17	26 · 5 =
18	25 · 4 =
19	29 · 9 =
20	24 · 7 =
21	27 · 7 =
22	24 · 8 =
23	28 · 4 =
24	26 · 6 =

13 → 24 Lösungen

84 →	22
100 →	20
112 →	16
125 →	19
130 →	11
156 →	8
162 →	23
168 →	15
189 →	7
192 →	24
232 →	21
261 →	12

Aufgaben vom Typ 28 · 4 = ☐

1 28 · 4 =

2 73 · 6 =

3 42 · 3 =

4 55 · 7 =

5 32 · 5 =

6 85 · 8 =

7 44 · 9 =

8 69 · 5 =

9 35 · 6 =

10 76 · 4 =

11 54 · 7 =

12 31 · 8 =

1 → 12 Lösungen

112	→	12
126	→	7
160	→	19
210	→	8
248	→	16
304	→	20
345	→	23
378	→	24
385	→	11
396	→	15
438	→	4
680	→	3

13 33 · 9 =

14 45 · 6 =

15 57 · 4 =

16 41 · 8 =

17 74 · 5 =

18 56 · 3 =

19 29 · 7 =

20 84 · 5 =

21 43 · 7 =

22 68 · 6 =

23 34 · 8 =

24 75 · 4 =

13 → 24 Lösungen

168	→	2
203	→	21
228	→	1
270	→	9
272	→	17
297	→	5
300	→	13
301	→	14
328	→	6
370	→	22
408	→	10
420	→	18

Aufgaben vom Typ 96:8 = ☐

1 96:8 =

2 45:3 =

3 84:6 =

4 55:5 =

5 64:4 =

6 91:7 =

Lösungen 1 → 6

11 →	15
12 →	16
13 →	23
14 →	19
15 →	24
16 →	7

7 34:2 =

8 105:5 =

9 57:3 =

10 88:4 =

11 162:9 =

12 138:6 =

Lösungen 7 → 12

17 →	11
18 →	4
19 →	20
21 →	3
22 →	8
23 →	12

13 116:4 =

14 200:8 =

15 56:2 =

16 144:6 =

17 189:7 =

18 78:3 =

Lösungen 13 → 18

24 →	22
25 →	17
26 →	14
27 →	6
28 →	13
29 →	21

19 238:7 =

20 96:3 =

21 124:4 =

22 315:9 =

23 165:5 =

24 180:5 =

Lösungen 18 → 24

31 →	2
32 →	10
33 →	9
34 →	5
35 →	18
36 →	1

Aufgaben vom Typ 180:4=

1 180:4=

2 448:7=

3 282:3=

4 185:5=

5 664:8=

6 432:6=

1 → 6 Lösungen

37	→	3
45	→	4
64	→	13
72	→	14
83	→	23
94	→	18

7 396:9=

8 435:5=

9 608:8=

10 588:6=

11 413:7=

12 380:4=

7 → 12 Lösungen

44	→	19
59	→	9
76	→	17
87	→	10
95	→	20
98	→	24

13 132:2=

14 465:5=

15 399:7=

16 258:3=

17 444:6=

18 172:4=

13 → 18 Lösungen

43	→	6
57	→	5
66	→	16
74	→	7
86	→	15
93	→	1

19 712:8=

20 228:6=

21 539:7=

22 224:4=

23 340:5=

24 297:3=

18 → 24 Lösungen

38	→	22
56	→	2
68	→	21
77	→	11
89	→	8
99	→	12

Aufgaben vom Typ 3 · ☐ = 111

1 $3 \cdot \square = 111$

2 $3 \cdot \square = 252$

3 $3 \cdot \square = 207$

4 $3 \cdot \square = 156$

5 $3 \cdot \square = 231$

6 $3 \cdot \square = 192$

1 → 6 Lösungen

37	→	11
52	→	12
64	→	8
69	→	22
77	→	16
84	→	7

7 $4 \cdot \square = 268$

8 $4 \cdot \square = 364$

9 $4 \cdot \square = 224$

10 $4 \cdot \square = 312$

11 $4 \cdot \square = 388$

12 $4 \cdot \square = 172$

7 → 12 Lösungen

43	→	1
56	→	21
67	→	2
78	→	15
91	→	6
97	→	5

13 $5 \cdot \square = 285$

14 $5 \cdot \square = 230$

15 $5 \cdot \square = 470$

16 $5 \cdot \square = 340$

17 $5 \cdot \square = 380$

18 $5 \cdot \square = 415$

13 → 18 Lösungen

46	→	20
57	→	24
68	→	23
76	→	13
83	→	9
94	→	10

19 $6 \cdot \square = 444$

20 $6 \cdot \square = 318$

21 $6 \cdot \square = 390$

22 $6 \cdot \square = 228$

23 $6 \cdot \square = 576$

24 $6 \cdot \square = 510$

18 → 24 Lösungen

38	→	19
53	→	17
65	→	3
74	→	14
85	→	4
96	→	18

Aufgaben vom Typ 9 · ☐ = 117

1 9 · ☐ = 117
2 6 · ☐ = 90
3 8 · ☐ = 128
4 5 · ☐ = 60
5 7 · ☐ = 119
6 4 · ☐ = 56

1 → 6 Lösungen

12	→	20
13	→	7
14	→	10
15	→	9
16	→	12
17	→	17

7 9 · ☐ = 198
8 8 · ☐ = 144
9 6 · ☐ = 138
10 5 · ☐ = 95
11 7 · ☐ = 147
12 4 · ☐ = 96

7 → 12 Lösungen

18	→	1
19	→	6
21	→	14
22	→	4
23	→	23
24	→	3

13 6 · ☐ = 186
14 4 · ☐ = 112
15 8 · ☐ = 232
16 5 · ☐ = 130
17 7 · ☐ = 189
18 3 · ☐ = 75

13 → 18 Lösungen

25	→	24
26	→	8
27	→	15
28	→	22
29	→	11
31	→	19

19 6 · ☐ = 198
20 3 · ☐ = 105
21 7 · ☐ = 224
22 4 · ☐ = 136
23 8 · ☐ = 296
24 5 · ☐ = 180

18 → 24 Lösungen

32	→	5
33	→	16
34	→	21
35	→	13
36	→	18
37	→	2

Aufgaben vom Typ 120 : ☐ = 8

1. 120 : ☐ = 8
2. 152 : ☐ = 8
3. 112 : ☐ = 8
4. 144 : ☐ = 8
5. 128 : ☐ = 8
6. 136 : ☐ = 8

1 → 6 Lösungen		
14	→	18
15	→	21
16	→	6
17	→	14
18	→	22
19	→	13

13. 135 : ☐ = 5
14. 115 : ☐ = 5
15. 110 : ☐ = 5
16. 130 : ☐ = 5
17. 125 : ☐ = 5
18. 120 : ☐ = 5

13 → 18 Lösungen		
22	→	24
23	→	20
24	→	23
25	→	7
26	→	15
27	→	16

7. 192 : ☐ = 6
8. 216 : ☐ = 6
9. 198 : ☐ = 6
10. 210 : ☐ = 6
11. 204 : ☐ = 6
12. 222 : ☐ = 6

7 → 12 Lösungen		
32	→	2
33	→	17
34	→	9
35	→	5
36	→	10
37	→	1

19. 329 : ☐ = 7
20. 322 : ☐ = 7
21. 336 : ☐ = 7
22. 315 : ☐ = 7
23. 343 : ☐ = 7
24. 308 : ☐ = 7

19 → 24 Lösungen		
44	→	12
45	→	19
46	→	3
47	→	8
48	→	11
49	→	4

Aufgaben vom Typ 192: ☐ = 3

1 192 : ☐ = 3

2 308 : ☐ = 7

3 304 : ☐ = 4

4 318 : ☐ = 6

5 440 : ☐ = 5

6 448 : ☐ = 8

1 → 6 Lösungen

44	→	17
53	→	4
56	→	18
64	→	3
76	→	14
88	→	20

13 504 : ☐ = 6

14 432 : ☐ = 9

15 372 : ☐ = 4

16 296 : ☐ = 8

17 330 : ☐ = 5

18 665 : ☐ = 7

13 → 18 Lösungen

37	→	15
48	→	6
66	→	11
84	→	16
93	→	2
95	→	1

7 469 : ☐ = 7

8 375 : ☐ = 5

9 712 : ☐ = 8

10 236 : ☐ = 4

11 276 : ☐ = 6

12 315 : ☐ = 9

7 → 12 Lösungen

35	→	23
46	→	9
59	→	19
67	→	24
75	→	10
89	→	13

19 290 : ☐ = 5

20 146 : ☐ = 2

21 686 : ☐ = 7

22 282 : ☐ = 3

23 276 : ☐ = 4

24 270 : ☐ = 6

19 → 24 Lösungen

45	→	8
58	→	12
69	→	22
73	→	21
94	→	5
98	→	7

Aufgaben vom Typ $\square \cdot 8 = 120$

1 $\square \cdot 8 = 120$

2 $\square \cdot 8 = 128$

3 $\square \cdot 8 = 112$

4 $\square \cdot 8 = 144$

5 $\square \cdot 8 = 136$

6 $\square \cdot 8 = 152$

1 → 6 Lösungen

14	→	7
15	→	12
16	→	9
17	→	1
18	→	11
19	→	10

7 $\square \cdot 7 = 154$

8 $\square \cdot 7 = 168$

9 $\square \cdot 7 = 182$

10 $\square \cdot 7 = 189$

11 $\square \cdot 7 = 175$

12 $\square \cdot 7 = 161$

7 → 12 Lösungen

22	→	21
23	→	22
24	→	5
25	→	6
26	→	8
27	→	2

13 $\square \cdot 6 = 216$

14 $\square \cdot 6 = 228$

15 $\square \cdot 6 = 210$

16 $\square \cdot 6 = 222$

17 $\square \cdot 6 = 204$

18 $\square \cdot 6 = 198$

13 → 18 Lösungen

33	→	20
34	→	15
35	→	19
36	→	23
37	→	24
38	→	3

19 $\square \cdot 5 = 215$

20 $\square \cdot 5 = 230$

21 $\square \cdot 5 = 210$

22 $\square \cdot 5 = 220$

23 $\square \cdot 5 = 205$

24 $\square \cdot 5 = 225$

19 → 24 Lösungen

41	→	17
42	→	14
43	→	16
44	→	4
45	→	13
46	→	18

Aufgaben vom Typ □ · 3 = 96

1 ○ · 3 = 96

2 ○ · 8 = 448

3 ○ · 4 = 172

4 ○ · 6 = 378

5 ○ · 5 = 415

6 ○ · 7 = 525

1 → 6 Lösungen

32	→	10
43	→	6
56	→	1
63	→	9
75	→	2
83	→	17

13 ▷ · 3 = 231

14 ▷ · 6 = 504

15 ▷ · 4 = 232

16 ▷ · 8 = 712

17 ▷ · 5 = 325

18 ▷ · 7 = 315

13 → 18 Lösungen

45	→	12
58	→	11
65	→	19
77	→	22
84	→	7
89	→	21

7 ▷ · 6 = 456

8 ▷ · 9 = 828

9 ▷ · 5 = 245

10 ▷ · 8 = 696

11 ▷ · 4 = 248

12 ▷ · 7 = 238

7 → 12 Lösungen

34	→	14
49	→	5
62	→	3
76	→	13
87	→	18
92	→	4

19 ○ · 9 = 297

20 ○ · 5 = 335

21 ○ · 7 = 546

22 ○ · 8 = 376

23 ○ · 4 = 236

24 ○ · 6 = 510

19 → 24 Lösungen

33	→	20
47	→	8
59	→	15
67	→	16
78	→	23
85	→	24

Aufgaben vom Typ ☐ :5 = 13

1 ◯ :5 = 13

2 ◯ :8 = 15

3 ◯ :3 = 17

4 ◯ :5 = 21

5 ◯ :8 = 24

6 ◯ :4 = 12

7 ◯ :7 = 16

8 ◯ :4 = 19

9 ◯ :6 = 22

10 ◯ :3 = 14

11 ◯ :7 = 23

12 ◯ :6 = 18

1 → 12 Lösungen

42	→	10
48	→	17
51	→	21
65	→	14
76	→	1
105	→	13
108	→	6
112	→	5
120	→	18
132	→	22
161	→	2
192	→	9

13 ☐ :9 = 27

14 ☐ :4 = 31

15 ☐ :8 = 35

16 ☐ :6 = 25

17 ☐ :5 = 23

18 ☐ :9 = 29

19 ☐ :6 = 36

20 ☐ :8 = 37

21 ☐ :7 = 26

22 ☐ :5 = 32

23 ☐ :7 = 28

24 ☐ :4 = 34

13 → 24 Lösungen

115	→	12
124	→	23
136	→	3
150	→	20
160	→	24
182	→	4
196	→	7
216	→	11
243	→	19
261	→	16
280	→	15
296	→	8

Aufgaben vom Typ ☐ :8=35

1	☐	:8=35
2	☐	:7=81
3	☐	:9=65
4	☐	:7=37
5	☐	:6=96
6	☐	:6=49
7	☐	:9=55
8	☐	:6=53
9	☐	:8=75
10	☐	:9=47
11	☐	:8=28
12	☐	:7=97

1 → 12 Lösungen

224 →	8
259 →	2
280 →	13
294 →	18
318 →	19
423 →	22
495 →	11
567 →	5
576 →	21
585 →	16
600 →	15
679 →	24

13	◯	:4=76
14	◯	:5=52
15	◯	:4=36
16	◯	:6=27
17	◯	:7=98
18	◯	:7=66
19	◯	:4=46
20	◯	:6=34
21	◯	:5=99
22	◯	:7=54
23	◯	:5=82
24	◯	:6=48

13 → 24 Lösungen

144 →	3
162 →	14
184 →	12
204 →	7
260 →	17
288 →	10
304 →	1
378 →	6
410 →	20
462 →	4
495 →	9
686 →	23

Aufgaben vom Typ 140 · 4 = ☐

1. 140 · 4 =
2. 170 · 9 =
3. 150 · 6 =
4. 130 · 7 =
5. 150 · 5 =
6. 120 · 9 =
7. 170 · 8 =
8. 140 · 5 =
9. 160 · 7 =
10. 120 · 8 =
11. 160 · 8 =
12. 130 · 6 =

1 → 12 Lösungen

560	→	23
700	→	18
750	→	16
780	→	13
900	→	21
910	→	24
960	→	15
1080	→	20
1120	→	22
1280	→	17
1360	→	14
1530	→	19

13. 260 · 6 =
14. 280 · 4 =
15. 290 · 8 =
16. 270 · 6 =
17. 250 · 5 =
18. 280 · 3 =
19. 260 · 5 =
20. 250 · 4 =
21. 290 · 9 =
22. 240 · 7 =
23. 270 · 7 =
24. 240 · 8 =

13 → 24 Lösungen

840	→	9
1000	→	5
1120	→	8
1250	→	1
1300	→	2
1560	→	12
1620	→	11
1680	→	7
1890	→	6
1920	→	3
2320	→	10
2610	→	4

Aufgaben vom Typ 750 · 4 = ☐

1 750 · 4 =
2 340 · 8 =
3 330 · 9 =
4 450 · 6 =
5 570 · 4 =
6 410 · 8 =
7 740 · 5 =
8 560 · 3 =
9 290 · 7 =
10 840 · 5 =
11 430 · 7 =
12 680 · 6 =

1 → 12 Lösungen

1680	→	15
2030	→	24
2280	→	17
2700	→	22
2720	→	20
2970	→	23
3000	→	21
3010	→	16
3280	→	19
3700	→	13
4080	→	14
4200	→	18

13 540 · 7 =
14 310 · 8 =
15 280 · 4 =
16 730 · 6 =
17 420 · 3 =
18 550 · 7 =
19 320 · 5 =
20 850 · 8 =
21 440 · 9 =
22 690 · 5 =
23 350 · 6 =
24 760 · 4 =

13 → 24 Lösungen

1120	→	11
1260	→	2
1600	→	1
2100	→	4
2480	→	7
3040	→	5
3450	→	8
3780	→	9
3850	→	12
3960	→	6
4380	→	10
6800	→	3

Aufgaben vom Typ 910:7 = ☐

1. 910:7 =
2. 640:4 =
3. 550:5 =
4. 840:6 =
5. 450:3 =
6. 960:8 =

1 → 6 Lösungen

110	2
120	6
130	3
140	4
150	7
160	5

13. 780:3 =
14. 1890:7 =
15. 1440:6 =
16. 560:2 =
17. 2000:8 =
18. 1160:4 =

13 → 18 Lösungen

240	13
250	23
260	9
270	17
280	10
290	14

7. 1380:6 =
8. 1620:9 =
9. 880:4 =
10. 570:3 =
11. 1050:5 =
12. 340:2 =

7 → 12 Lösungen

170	12
180	15
190	8
210	16
220	1
230	11

19. 1800:5 =
20. 1650:5 =
21. 3150:9 =
22. 1240:4 =
23. 960:3 =
24. 2380:7 =

19 → 24 Lösungen

310	18
320	22
330	21
340	20
350	19
360	24

Aufgaben vom Typ 4320:6=

1 4320:6=

2 6640:8=

3 1850:5=

4 2820:3=

5 4480:7=

6 1800:4=

1 → 6 Lösungen

370	→	4
450	→	12
640	→	16
720	→	7
830	→	11
940	→	8

7 3800:4=

8 4130:7=

9 5880:6=

10 6080:8=

11 4350:5=

12 3960:9=

7 → 12 Lösungen

440	→	23
590	→	20
760	→	15
870	→	19
950	→	24
980	→	3

13 1720:4=

14 4440:6=

15 2580:3=

16 3990:7=

17 4650:5=

18 1320:2=

13 → 18 Lösungen

430	→	2
570	→	1
660	→	9
740	→	6
860	→	10
930	→	17

19 2970:3=

20 3400:5=

21 2240:4=

22 5390:7=

23 2280:6=

24 7120:8=

19 → 24 Lösungen

380	→	14
560	→	21
680	→	13
770	→	5
890	→	22
990	→	18

Aufgaben vom Typ 3 · ▭ = 1920

1 3 · ◯ = 1920
2 3 · ◯ = 2310
3 3 · ◯ = 1110
4 3 · ◯ = 2520
5 3 · ◯ = 2070
6 3 · ◯ = 1560

1 → 6 Lösungen

370	→	10
520	→	14
640	→	17
690	→	3
770	→	1
840	→	6

7 4 · ▲ = 1720
8 4 · ▲ = 3880
9 4 · ▲ = 2680
10 4 · ▲ = 3640
11 4 · ▲ = 2240
12 4 · ▲ = 3120

7 → 12 Lösungen

430	→	7
560	→	12
670	→	9
780	→	20
910	→	4
970	→	23

13 5 · ▲ = 4150
14 5 · ▲ = 3800
15 5 · ▲ = 2850
16 5 · ▲ = 2300
17 5 · ▲ = 4700
18 5 · ▲ = 3400

13 → 18 Lösungen

460	→	18
570	→	21
680	→	22
760	→	13
830	→	5
940	→	19

19 6 · ◯ = 4440
20 6 · ◯ = 3180
21 6 · ◯ = 3900
22 6 · ◯ = 2280
23 6 · ◯ = 5760
24 6 · ◯ = 5100

18 → 24 Lösungen

380	→	2
530	→	11
650	→	15
740	→	8
850	→	16
960	→	24

Aufgaben vom Typ 4 · ___ = 560

1 4 · ___ = 560
2 7 · ___ = 1190
3 5 · ___ = 600
4 8 · ___ = 1280
5 6 · ___ = 900
6 9 · ___ = 1170

1 → 6 Lösungen		
120	→	14
130	→	24
140	→	15
150	→	13
160	→	16
170	→	17

7 4 · ___ = 960
8 7 · ___ = 1470
9 5 · ___ = 950
10 6 · ___ = 1380
11 8 · ___ = 1440
12 9 · ___ = 1980

7 → 12 Lösungen		
180	→	4
190	→	19
210	→	3
220	→	18
230	→	2
240	→	5

13 3 · ___ = 750
14 7 · ___ = 1890
15 5 · ___ = 1300
16 8 · ___ = 2320
17 4 · ___ = 1120
18 6 · ___ = 1860

13 → 18 Lösungen		
250	→	21
260	→	7
270	→	23
280	→	11
290	→	22
310	→	20

19 5 · ___ = 1800
20 8 · ___ = 2960
21 4 · ___ = 1360
22 7 · ___ = 2240
23 3 · ___ = 1050
24 6 · ___ = 1980

18 → 24 Lösungen		
320	→	12
330	→	8
340	→	1
350	→	10
360	→	6
370	→	9

Aufgaben vom Typ 1360: ☐ = 8

1 1360 : ☐ = 8
2 1280 : ☐ = 8
3 1200 : ☐ = 8
4 1520 : ☐ = 8
5 1120 : ☐ = 8
6 1440 : ☐ = 8

1 → 6 Lösungen

140 →	23
150 →	18
160 →	1
170 →	3
180 →	14
190 →	16

13 1200 : ☐ = 5
14 1250 : ☐ = 5
15 1350 : ☐ = 5
16 1150 : ☐ = 5
17 1100 : ☐ = 5
18 1300 : ☐ = 5

13 → 18 Lösungen

220 →	7
230 →	4
240 →	15
250 →	13
260 →	6
270 →	17

7 2220 : ☐ = 6
8 2040 : ☐ = 6
9 1920 : ☐ = 6
10 2160 : ☐ = 6
11 1980 : ☐ = 6
12 2100 : ☐ = 6

7 → 12 Lösungen

320 →	5
330 →	10
340 →	21
350 →	8
360 →	12
370 →	19

19 3080 : ☐ = 7
20 3430 : ☐ = 7
21 3290 : ☐ = 7
22 3220 : ☐ = 7
23 3360 : ☐ = 7
24 3150 : ☐ = 7

18 → 24 Lösungen

440 →	20
450 →	24
460 →	2
470 →	11
480 →	22
490 →	9

Aufgaben vom Typ 4480 : ☐ = 8

1 4480 : ☐ = 8

2 4400 : ☐ = 5

3 3180 : ☐ = 6

4 3040 : ☐ = 4

5 3080 : ☐ = 7

6 1920 : ☐ = 3

1 → 6 Lösungen

440	→	15
530	→	22
560	→	11
640	→	8
760	→	12
880	→	7

13 6650 : ☐ = 7

14 3300 : ☐ = 5

15 2960 : ☐ = 8

16 3720 : ☐ = 4

17 4320 : ☐ = 9

18 5040 : ☐ = 6

13 → 18 Lösungen

370	→	9
480	→	13
660	→	19
840	→	10
930	→	24
950	→	23

7 3150 : ☐ = 9

8 2760 : ☐ = 6

9 2360 : ☐ = 4

10 7120 : ☐ = 8

11 3750 : ☐ = 5

12 4690 : ☐ = 7

7 → 12 Lösungen

350	→	1
460	→	5
590	→	21
670	→	2
750	→	6
890	→	16

19 2700 : ☐ = 6

20 2760 : ☐ = 4

21 2820 : ☐ = 3

22 6860 : ☐ = 7

23 1460 : ☐ = 2

24 2900 : ☐ = 5

18 → 24 Lösungen

450	→	14
580	→	4
690	→	17
730	→	18
940	→	3
980	→	20

Aufgaben vom Typ ☐ · 8 = 1520

1 ▶ · 8 = 1520

2 ▶ · 8 = 1360

3 ▶ · 8 = 1200

4 ▶ · 8 = 1280

5 ▶ · 8 = 1120

6 ▶ · 8 = 1440

1 → 6 Lösungen		
140	→	17
150	→	12
160	→	10
170	→	7
180	→	20
190	→	9

7 ● · 7 = 1540

8 ● · 7 = 1680

9 ● · 7 = 1820

10 ● · 7 = 1890

11 ● · 7 = 1750

12 ● · 7 = 1610

7 → 12 Lösungen		
220	→	1
230	→	14
240	→	3
250	→	4
260	→	23
270	→	6

13 ● · 6 = 2160

14 ● · 6 = 2280

15 ● · 6 = 2100

16 ● · 6 = 2220

17 ● · 6 = 2040

18 ● · 6 = 1980

13 → 18 Lösungen		
330	→	24
340	→	13
350	→	11
360	→	21
370	→	22
380	→	19

19 ▶ · 5 = 2150

20 ▶ · 5 = 2300

21 ▶ · 5 = 2100

22 ▶ · 5 = 2200

23 ▶ · 5 = 2050

24 ▶ · 5 = 2250

19 → 24 Lösungen		
410	→	16
420	→	5
430	→	2
440	→	8
450	→	18
460	→	15

Aufgaben vom Typ □ · 7 = 5250

1 ○ · 7 = 5250
2 ○ · 5 = 4150
3 ○ · 6 = 3780
4 ○ · 4 = 1720
5 ○ · 8 = 4480
6 ○ · 3 = 960

1 → 6 Lösungen

320	→	18
430	→	10
560	→	1
630	→	14
750	→	9
830	→	17

13 ▶ · 3 = 2310
14 ▶ · 6 = 5040
15 ▶ · 4 = 2320
16 ▶ · 8 = 7120
17 ▶ · 5 = 3250
18 ▶ · 7 = 3150

13 → 18 Lösungen

450	→	20
580	→	19
650	→	11
770	→	21
840	→	23
890	→	22

7 ▶ · 7 = 2380
8 ▶ · 4 = 2480
9 ▶ · 8 = 6960
10 ▶ · 5 = 2450
11 ▶ · 9 = 8280
12 ▶ · 6 = 4560

7 → 12 Lösungen

340	→	5
490	→	2
620	→	3
760	→	6
870	→	13
920	→	4

19 ○ · 9 = 2970
20 ○ · 5 = 3350
21 ○ · 7 = 5460
22 ○ · 8 = 3760
23 ○ · 4 = 2360
24 ○ · 6 = 5100

19 → 24 Lösungen

330	→	12
470	→	24
590	→	16
670	→	15
780	→	7
850	→	8

Aufgaben vom Typ ☐ :6=180

1 ☐ :6=180

2 ☐ :7=230

3 ☐ :5=130

4 ☐ :8=150

5 ☐ :3=170

6 ☐ :5=210

7 ☐ :8=240

8 ☐ :4=120

9 ☐ :7=160

10 ☐ :4=190

11 ☐ :6=220

12 ☐ :3=140

1 → 12 Lösungen

420	→	7
480	→	12
510	→	10
650	→	4
760	→	9
1050	→	2
1080	→	5
1120	→	3
1200	→	6
1320	→	11
1610	→	1
1920	→	8

13 ☐ :4=340

14 ☐ :7=280

15 ☐ :9=270

16 ☐ :4=310

17 ☐ :8=350

18 ☐ :6=250

19 ☐ :5=330

20 ☐ :9=290

21 ☐ :6=360

22 ☐ :8=370

23 ☐ :7=260

24 ☐ :5=320

13 → 24 Lösungen

1240	→	17
1360	→	18
1500	→	15
1600	→	22
1650	→	20
1820	→	24
1960	→	14
2160	→	21
2430	→	16
2610	→	23
2800	→	19
2960	→	13

Aufgaben vom Typ ☐ :7=970

1 ☐ :7=970

2 ☐ :8=280

3 ☐ :9=470

4 ☐ :8=750

5 ☐ :6=530

6 ☐ :9=550

7 ☐ :6=490

8 ☐ :6=960

9 ☐ :7=370

10 ☐ :9=650

11 ☐ :7=810

12 ☐ :8=350

1 → 12 Lösungen

2240	→	19
2590	→	23
2800	→	8
2940	→	7
3180	→	11
4230	→	24
4950	→	20
5670	→	16
5760	→	15
5850	→	12
6000	→	3
6790	→	4

13 ☐ :6=480

14 ☐ :5=820

15 ☐ :7=540

16 ☐ :5=990

17 ☐ :6=340

18 ☐ :4=460

19 ☐ :7=660

20 ☐ :7=980

21 ☐ :6=270

22 ☐ :4=360

23 ☐ :5=520

24 ☐ :4=760

13 → 24 Lösungen

1440	→	14
1620	→	5
1840	→	18
2040	→	1
2600	→	21
2880	→	9
3040	→	6
3780	→	17
4100	→	13
4620	→	2
4950	→	10
6860	→	22

Aufgaben vom Typ 14 · 40 = ☐

1 14 · 40 =

2 17 · 90 =

3 15 · 60 =

4 13 · 70 =

5 15 · 50 =

6 12 · 90 =

7 17 · 80 =

8 14 · 50 =

9 16 · 70 =

10 12 · 80 =

11 16 · 80 =

12 13 · 60 =

1 → 12 Lösungen

560	→	20
700	→	14
750	→	16
780	→	17
900	→	21
910	→	19
960	→	15
1080	→	23
1120	→	22
1280	→	13
1360	→	18
1530	→	24

13 26 · 60 =

14 28 · 40 =

15 29 · 80 =

16 27 · 60 =

17 25 · 50 =

18 28 · 30 =

19 26 · 50 =

20 25 · 40 =

21 29 · 90 =

22 24 · 70 =

23 27 · 70 =

24 24 · 80 =

13 → 24 Lösungen

840	→	9
1000	→	2
1120	→	12
1250	→	6
1300	→	5
1560	→	8
1620	→	7
1680	→	11
1890	→	1
1920	→	3
2320	→	10
2610	→	4

Aufgaben vom Typ 31 · 80 = ☐

1. 31 · 80 = ☐
2. 54 · 70 = ☐
3. 76 · 40 = ☐
4. 35 · 60 = ☐
5. 69 · 50 = ☐
6. 44 · 90 = ☐
7. 85 · 80 = ☐
8. 32 · 50 = ☐
9. 55 · 70 = ☐
10. 42 · 30 = ☐
11. 73 · 60 = ☐
12. 28 · 40 = ☐

1 → 12 Lösungen

1120	→	15
1260	→	18
1600	→	13
2100	→	20
2480	→	19
3040	→	24
3450	→	17
3780	→	22
3850	→	23
3960	→	21
4380	→	14
6800	→	16

13. 75 · 40 = ◯
14. 34 · 80 = ◯
15. 68 · 60 = ◯
16. 43 · 70 = ◯
17. 84 · 50 = ◯
18. 29 · 70 = ◯
19. 56 · 30 = ◯
20. 74 · 50 = ◯
21. 41 · 80 = ◯
22. 57 · 40 = ◯
23. 45 · 60 = ◯
24. 33 · 90 = ◯

13 → 24 Lösungen

1680	→	3
2030	→	12
2280	→	9
2700	→	2
2720	→	10
2970	→	6
3000	→	7
3010	→	8
3280	→	5
3700	→	1
4080	→	11
4200	→	4

Aufgaben vom Typ 2610:90= ☐

1 2610:90=

2 560:40=

3 1680:70=

4 1530:90=

5 1250:50=

6 840:70=

7 1120:40=

8 1280:80=

9 1620:60=

10 1040:80=

11 1300:50=

12 900:60=

1 → 12 Lösungen

12	22
13	18
14	21
15	16
16	13
17	8
24	24
25	5
26	2
27	11
28	15
29	19

13 2100:60=

14 2250:50=

15 2880:80=

16 2640:60=

17 3680:80=

18 1520:40=

19 3010:70=

20 1650:50=

21 3780:90=

22 2380:70=

23 1880:40=

24 3330:90=

13 → 24 Lösungen

33	1
34	10
35	7
36	23
37	6
38	12
42	17
43	4
44	20
45	9
46	3
47	14

Aufgaben vom Typ 3150:90=

1 3150:90=

2 6960:80=

3 4480:80=

4 5880:70=

5 3150:50=

6 4320:90=

7 3840:40=

8 2650:50=

9 6030:90=

10 1560:40=

11 4830:70=

12 3240:60=

1 → 12 Lösungen

35	→	13
39	→	16
48	→	6
53	→	1
54	→	18
56	→	4
63	→	3
67	→	15
69	→	14
84	→	2
87	→	17
96	→	5

13 5580:60=

14 4130:70=

15 3560:40=

16 4230:90=

17 3600:50=

18 2080:40=

19 3870:90=

20 3950:50=

21 3990:70=

22 5120:80=

23 3040:80=

24 4620:60=

13 → 24 Lösungen

38	→	8
43	→	12
47	→	20
52	→	22
57	→	21
59	→	11
64	→	24
72	→	23
77	→	10
79	→	19
89	→	9
93	→	7

Vermischte Malaufgaben

1. 50 · ◯ = 1250
2. 80 · ◯ = 1120
3. 60 · ◯ = 1680
4. 1360 = ◯ · 80
5. 1610 = ◯ · 70
6. 1350 = ◯ · 50
7. 90 · ◯ = 1170
8. 40 · ◯ = 960
9. 60 · ◯ = 900
10. 1820 = ◯ · 70
11. 1440 = ◯ · 90
12. 720 = ◯ · 40

1 → 12 Lösungen		
13	→	7
14	→	19
15	→	21
16	→	24
17	→	12
18	→	20
23	→	9
24	→	11
25	→	23
26	→	22
27	→	8
28	→	10

13. 1480 = ◯ · 40
14. 3420 = ◯ · 90
15. 3150 = ◯ · 70
16. 60 · ◯ = 2880
17. 40 · ◯ = 1360
18. 90 · ◯ = 3960
19. 1750 = ◯ · 50
20. 3010 = ◯ · 70
21. 2880 = ◯ · 80
22. 60 · ◯ = 2760
23. 80 · ◯ = 2640
24. 50 · ◯ = 2350

13 → 24 Lösungen		
33	→	6
34	→	13
35	→	2
36	→	15
37	→	5
38	→	1
43	→	17
44	→	16
45	→	3
46	→	14
47	→	4
48	→	18

Vermischte Teilaufgaben

1 2640: ◯ =80

2 2350: ◯ =50

3 4270: ◯ =70

4 70= ◯ :72

5 50= ◯ :86

6 60= ◯ :52

7 4020: ◯ =60

8 2640: ◯ =30

9 5760: ◯ =90

10 40= ◯ :35

11 90= ◯ :86

12 50= ◯ :53

1 → 12 Lösungen

33	→	12
47	→	15
61	→	11
64	→	8
67	→	3
88	→	6
1400	→	5
2650	→	4
3120	→	16
4300	→	2
5040	→	7
7740	→	1

13 40= ◯ :48

14 30= ◯ :63

15 80= ◯ :68

16 5920: ◯ =80

17 1700: ◯ =50

18 3720: ◯ =60

19 80= ◯ :54

20 40= ◯ :69

21 70= ◯ :73

22 3850: ◯ =70

23 2940: ◯ =60

24 3000: ◯ =40

13 → 24 Lösungen

34	→	9
49	→	13
55	→	22
62	→	23
74	→	19
75	→	17
1890	→	21
1920	→	24
2760	→	18
4320	→	10
5110	→	14
5440	→	20

Vermischte Mal- und Teilaufgaben

1 $60 \cdot 23 = \bigcirc$

2 $30 \cdot \bigcirc = 1260$

3 $\bigcirc \cdot 80 = 6720$

4 $\bigcirc = 40 \cdot 65$

5 $3850 = \bigcirc \cdot 50$

6 $3060 = 90 \cdot \bigcirc$

7 $3000 : 40 = \bigcirc$

8 $3840 : \bigcirc = 60$

9 $\bigcirc : 70 = 47$

10 $50 = 3300 : \bigcirc$

11 $54 = \bigcirc : 30$

12 $\bigcirc = 5580 : 60$

1 → 12 Lösungen

34	→	16
42	→	15
64	→	19
66	→	24
75	→	3
77	→	11
84	→	18
93	→	4
1380	→	13
1620	→	8
2600	→	2
3290	→	5

13 $50 \cdot 63 = \bigcirc$

14 $30 \cdot \bigcirc = 2820$

15 $\bigcirc \cdot 50 = 1350$

16 $\bigcirc = 70 \cdot 43$

17 $3300 = \bigcirc \cdot 60$

18 $1400 = 40 \cdot \bigcirc$

19 $7650 : 90 = \bigcirc$

20 $3650 : \bigcirc = 50$

21 $\bigcirc : 40 = 88$

22 $80 = 4640 : \bigcirc$

23 $46 = \bigcirc : 30$

24 $\bigcirc = 4440 : 60$

13 → 24 Lösungen

27	→	17
35	→	6
55	→	9
58	→	22
73	→	7
74	→	12
85	→	10
94	→	21
1380	→	20
3010	→	14
3150	→	1
3520	→	23